Ninja Foodi
Recetas

¡Recetas rápidas y sabrosas para maximizar su Foodi!

Anna Ríos

Índice de contenido

Introducción...5

Todo sobre Ninja Foodi 7

    La tecnología TENDERCRISP 8

    Funciones de Ninja Foodi 9

    Accesorios y equipo de Ninja 11

    Consejos para un mejor uso de Ninja 12

    Consejos para una limpieza efectiva de Ninja 14

    Consejos para una cocina sana 15

    Sobre las recetas de este recetario 16

Recetas para Ninja Foodi 17

    DESAYUNO 18

        Yogur casero ------------------------------------ 19

        Avena con manzana ------------------------------ 20

        Huevos escoceses ------------------------------- 21

        Tostada de canela------------------------------- 22

        Cazuela de desayuno --------------------------- 24

        Gachas de almendras --------------------------- 25

        Clafoutis ------------------------------------- 26

        Frittata de alcachofa --------------------------- 27

        Tocino crujiente con huevos -------------------- 28

        Mermelada de fresa ---------------------------- 29

    CALDOS Y SALSAS 30

        Caldo de pollo --------------------------------- 31

        Caldo de vegetales ----------------------------- 32

        Setas salteadas -------------------------------- 33

        Cebollas caramelizadas------------------------- 34

        Salsa Marinara-------------------------------- 35

        Salsa barbacoa-------------------------------- 36

    PLATOS PRINCIPALES 37

        Berenjena con parmesano ----------------------- 38

Alas de pollo con chile --- 39

Arroz español--- 40

Papas horneadas dobles--- 41

Sopa de coliflor -- 42

Albóndigas de pollo Buffalo --- 43

Alas de pollo con sésamo--- 44

Pollo y patatas crujientes -- 45

Pollo asado entero--- 46

Pollo Stroganoff --- 47

Chuletas de cerdo con mostaza --- 48

Carbonada flamenca -- 49

Pasta con camarones--- 50

Chuletas de cerdo a la plancha -- 51

Salmón con verduras--- 52

Mejillones con chorizo-- 53

POSTRE **54**

Peras escalfadas con especias-- 55

Tazas de crema--- 56

Mango deshidratado -- 57

Tarta Tatin --- 58

Crème brûlée -- 59

Introducción

En el acelerado mundo actual, todos necesitamos productos de alta tecnología fiables que nos faciliten la vida. En los últimos años han aparecido en el mercado muchas cocinas múltiples y de marcas conocidas, ¡para que pasemos menos tiempo en la cocina!

La Ninja Foodi es una de las multicocinas más atractivas del mercado actual. Como multicocina eléctrica, puede realizar varias tareas de cocción avanzadas, como cocinar a presión, cocinar a fuego lento, dorar, saltear, cocinar al vapor, freír, asar, hornear, recalentar e incluso deshidratar. Este electrodoméstico fácil de usar está diseñado para cocinar sus alimentos de forma más rápida y saludable que los métodos tradicionales.

En este libro de cocina fácil de usar, encontrará una recopilación de las mejores recetas de Ninja Foodi para probar. Sigue las instrucciones y no te equivocarás. Cada receta incluye una lista de ingredientes, instrucciones detalladas, número de raciones y tiempos de cocción aproximados.

Los tiempos de cocción se basan en el tiempo aproximado que se necesita para cocinar un determinado tipo de alimento. Por lo tanto, asegúrese de que los alimentos estén bien cocinados antes de servirlos. Siempre puedes volver a poner la comida en la olla de cocción lenta y ajustar el tiempo unos minutos más.

Ahorrarás dinero cocinando en casa, y comerás más sano. Además, menos tiempo en la cocina significa más tiempo para hacer las cosas que realmente quieres hacer. Podrás comunicarte con tus amigos, familia y seres queridos, leer un libro, ver tu programa de televisión favorito o hacer lo que te gusta cuando tengas unos minutos preciosos de sobra.

Espero que con un poco de tiempo y la información y recetas de este libro, llegues a amar la cocina tanto como yo.

¡Diviértete con tu Ninja!

Todo sobre Ninja Foodi

La tecnología TENDERCRISP

La belleza de Ninja Foodi es que puedes usarla para preparar alimentos de varias texturas - al vapor, crujientes, asados, estofados - en una sola olla. Por supuesto, puedes hacer grandes sopas y estofados con una olla a presión, y puedes usar una freidora de aire para hacer comida crujiente. Pero si quieres comidas y platos que combinen ambos, necesitas un mostrador para guardar más de un aparato, y una multitud de ollas y sartenes. Es decir, hasta ahora. La Ninja Foodi es única en la cocina de hoy: es la olla a presión que también hace papas fritas.

En pocas palabras, las ollas a presión funcionan porque el punto de ebullición del líquido depende de la presión atmosférica. En una tetera convencional, los líquidos de cocina a base de agua nunca alcanzarán temperaturas superiores a 100 °C. El agua hierve y se convierte en vapor, y el vapor se disipa, incluso si la tetera tiene una tapa. Pero en el recipiente sellado de una olla a presión, el agua que se convierte en vapor no puede escapar, lo que aumenta la presión en la olla. Con una mayor presión, el agua necesita más energía para hervir, por lo que la temperatura de ebullición aumenta a medida que el vapor se acumula.

En el Ninja Foodi, la baja presión equivale a 7,25 psi, y la alta presión a 11,6 psi. Por lo tanto, la temperatura de trabajo está entre 112 °C (baja presión) y 117 °C (alta presión). Una vez que la tetera se presuriza, el líquido en su interior ya no hierve. Sin embargo, cuando la presión cae, ya sea de forma natural o rápidamente a través de la salida de vapor, el líquido aún caliente comienza a hervir.

Como cocinar a presión requiere un líquido hirviendo, es importante asegurarse de que tienes suficiente. Como prácticamente no hay evaporación una vez que la tapa está cerrada, no se necesita mucho; normalmente una taza es suficiente. Y no olvides que la comida libera líquido durante la cocción, así que para muchos platos, empezar con un cuarto de taza es suficiente.

Funciones de Ninja Foodi

Este efecto TENDERCRISP es posible con un solo aparato gracias al diseño único del Ninja Foodi: dos tapas que se cocinan con diferentes funciones.

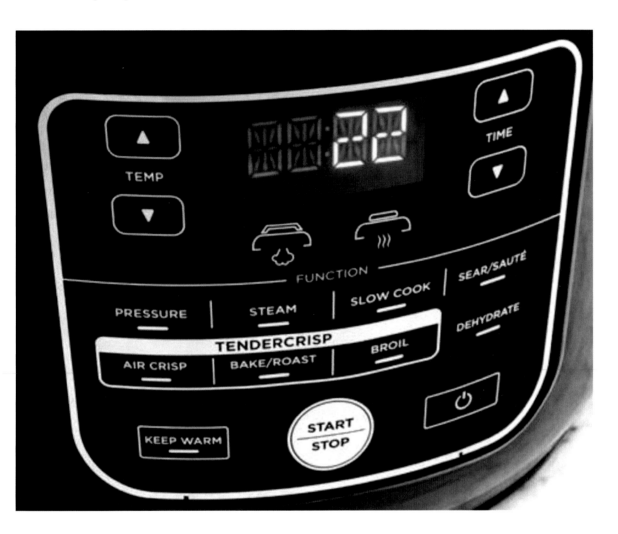

1. La tapa para cocinar a presión y sus funciones

¡La tapa para cocinar a presión está separada y es desmontable de la base del aparato y convierte su Ninja Foodi en una olla de presión, de vapor o de cocción lenta! La tapa debe ser bloqueada en su lugar, lo cual es fácil de hacer: simplemente alinear la flecha de la base con la flecha de la tapa y girar la tapa en el sentido de las agujas del reloj.

Una válvula en la parte superior de la tapa sella la unidad para la cocción a presión (SEAL) con dos niveles (7,25 psi en LOW, 11,6 psi en HIGH). La válvula puede abrirse para cocer al vapor (como en el caso de las verduras) o para cocinar lentamente (por ejemplo, sopas y guisos), y también para liberar la presión después de la cocción a presión (VENT).

PRESSURE (Cocer a presión)

Para la cocción a presión, el Ninja Foodi permite elegir el nivel de presión (Alto o Bajo) y el tiempo. La pantalla del Ninja muestra cuando la presión aumenta y cuando ha alcanzado el nivel apropiado, en cuyo caso el temporizador se inicia automáticamente. Una vez que el Ninja ha alcanzado el nivel de presión seleccionado, el calor se regula para mantener esta presión hasta el final del proceso de cocción. En este punto, puedes dejar que la presión caiga naturalmente, o mover la válvula al sistema de ventilación para liberar rápidamente la presión, o usar una combinación de ambos. Sin embargo, debes esperar a que la presión baje antes de poder abrir la tapa.

STEAM (Al vapor)

También puedes cocer al vapor los alimentos sin presión usando la tapa para cocinar a presión. Simplemente añada agua a la olla interior, inserte una rejilla de vapor y su comida, y cierre la tapa en su lugar con la válvula ajustada a Viento. La temperatura se ajusta automáticamente, así que todo lo que tienes que hacer es ajustar la hora. No es necesario abrir la tapa durante la cocción al vapor.

SLOW COOK (Fuego lento)

Para cocinar a fuego lento, usa la tapa para cocinar a presión con la válvula puesta en VENT. Seleccione la función SLOW COOK, que tiene dos niveles, y ajuste el tiempo, que puede ser ajustado hasta 12 horas.

SEAR/SAUTÉ(Dorando/Salteado)

La última función de la sección de presión del panel de Ninja es SEAR/SAUTÉ. Aunque puede usar esta función con la tapa para cocinar a presión colocada, probablemente tendrá que dejarla apagada para poder ver y revolver los alimentos que se están dorando y salteado antes de la cocción a presión. Puede elegir entre cinco niveles de calor (LOW, MEDIUM-LOW, MEDIUM, MEDIUM-HIGH, y HIGH) cuando seleccione la función SEAR/SAUTÉ, pero no puede ajustar el tiempo; la función permanece encendida hasta que la cancele. Sin embargo, puedes cambiar de un nivel de calor a otro sin tener que apagar y encender la función de nuevo.

2. La tapa de cocción al aire y sus funciones

Con la innovadora tapa de cocción al aire, el Ninja se convierte en un crujiente, parrilla u horno de cocción/asadero. Las temperaturas ajustables (de 120 °C a 230 °C) y el temporizador integrado le dan una gran flexibilidad en los tipos de platos que puede preparar y terminar, y no necesita una tonelada de aceite (y esas calorías añadidas) para hacerlo.

La tapa de cocción al aire está permanentemente unida a la unidad por una bisagra. Se abre y se cierra sin bloqueo y puede abrirse durante cualquier función de cocción por convección (a diferencia de las funciones de cocción a presión), para que pueda girar, mezclar o comprobar sus ingredientes. Cuando se abre la tapa, el elemento de cocción se apaga y el temporizador se detiene. Tan pronto como se cierra la tapa, se cocina y se reanuda el temporizador.

Cada función de la tapa de cocción al aire permite cocinar con el mismo mecanismo, pero con diferentes niveles de temperatura, lo que significa que puedes crujir los alimentos para darles la textura crujiente que a todos nos gusta, hornearlos o asarlos, grillarlos y, en algunos modelos, incluso deshidratarlos.

AIR CRISP (Freír con aire)

Este ajuste se suele utilizar con la cesta para cocinar y freír incluida, lo que facilita la mezcla de los ingredientes, pero también se puede utilizar con la rejilla reversible (también incluida). La temperatura para esta función oscila entre los 150 y 200 °C, y es ajustable según se requiera. AIR CRISP funciona mejor sin líquido en la olla.

BAKE/ROAST (Hornear/Asar)

Como su nombre indica, este ajuste se utiliza para hornear o asar. La temperatura se puede ajustar de 120 °C a 200 °C, y el ajuste se puede utilizar con la rejilla reversible en la posición de arriba o abajo. Normalmente es la mejor opción para cocinar postres o guisos en platos resistentes al calor.

BROIL (Hacer a la plancha)

La función BROIL se ajusta automáticamente a 230 °C y no es ajustable, ya que este tipo de cocción requiere un alto calor. Puede utilizar este ajuste para dorar y crujir la comida en la olla o con la rejilla reversible en la posición superior o inferior.

Accesorios y equipo de Ninja

El Ninja Foodi viene con dos accesorios para usar con sus funciones especiales de cocina. También se pueden comprar varios accesorios opcionales, que pueden ser de gran valor una vez que domine el electrodoméstico y se vuelva más aventurero en su cocina.

Rejilla reversible

Con sus dos niveles, la rejilla reversible puede utilizarse para hacer a la plancha (en la posición superior) y para cocinar a presión, al vapor y hornear/asar (en la posición inferior).

Cesta para cocinar y freír

Esta cesta está especialmente diseñada para el aire crujiente. La parte inferior es desmontable para facilitar la limpieza.

Consejos para un mejor uso de Ninja

1. Familiarícese con su dispositivo. Asegúrese de leer el manual de instrucciones suministrado con su olla a presión. Cada modelo tiene diferentes ajustes y características y utiliza términos únicos para describirlos. Familiarícese con el diseño, los lugares de ajuste y los términos utilizados para su olla a presión en particular, de modo que pueda seleccionar rápida y fácilmente el ajuste que necesita, cerrar la tapa y sellar y liberar la presión.

2. Usa tu aparato de forma segura. Siga de forma explícita y cuidadosa las instrucciones del fabricante de su olla eléctrica a presión, incluyendo los procedimientos de seguridad, los ajustes recomendados, los alimentos que deben evitarse, los límites de llenado máximo y las cantidades mínimas de agua que deben utilizarse en cada receta.

3. Selecciona una receta y léela completamente. Al familiarizarte con la receta, no tendrás ninguna sorpresa una vez que estés cocinando. Prepara los ingredientes antes de encender la cocina para que una vez que se encienda, estés listo para salir.

4. Saltee o dore la comida según sea necesario. En muchas recetas de cocina a presión, es común añadir una pequeña cantidad de aceite para saltear vegetales aromáticos, como cebollas y ajo, o para dorar pollo o carne. Este es un paso extra, pero añade mucho sabor a todo el plato. Al freír, no cubra la olla a presión y revuelva con frecuencia. Cocinar en una olla a presión es similar a cocinar en una sartén en la estufa, así que tenga cuidado porque la sartén y la comida estarán calientes y la comida puede salpicar. Apaga la olla a presión después de agitar la comida.

5. Ponga los ingredientes en la olla a presión. En general, no llene la olla a presión más de dos tercios de su capacidad y nunca exceda el límite máximo.

6. Añade líquido. Una olla a presión debe contener algún líquido para funcionar correctamente. El líquido puede ser agua o caldo, o puede provenir de alimentos acuosos, como los tomates.

7. Revise la junta y coloque la tapa. Es importante que la junta de silicona esté bien colocada y que la tapa de cierre esté bien sujeta. (Por lo general, esto significa que una vez que la tapa y la base están encajadas, puedes girar la tapa para bloquearla en su lugar). La tapa debe estar bien cerrada en su lugar y el respiradero de vapor debe estar cerrado para crear presión.

8. Seleccione el modo de cocción y ajuste el temporizador. A menudo esto significa que el aparato debe ser puesto a presión primero. Entonces pon el temporizador. El temporizador sólo comienza la cuenta atrás cuando el aparato alcanza la presión establecida. Por ejemplo, si una receta dice que hay que poner la olla a presión a alta presión durante 10 minutos, puede tardar de 5 a 10 minutos en aumentar la presión. Durante este tiempo, la pantalla puede simplemente mostrar ON. Es normal ver y oír el escape de algunos vapores. Una vez que la olla a presión ha alcanzado la presión requerida, el vapor ya no se escapa y comienza la cuenta atrás. Una vez que el tiempo ha pasado, muchas ollas a presión activan automáticamente el ajuste de calor. Puedes apagar la olla a presión o incluso desenchufarla.

9. Libere la presión. El mecanismo de seguridad impide que la tapa se abra hasta que se libere la presión. Ten cuidado y mantén las manos y la cara alejadas cuando liberes la presión. Hay tres maneras de liberar la presión; la que uses depende de la receta o la comida que estés cocinando.

- **Liberación rápida.** Es necesario liberar la presión rápidamente cuando la cocción adicional puede causar una sobrecocción. Normalmente esto significa que giras el botón de liberación de presión a VENT. Oirás el vapor escapando; asegúrate de mantener las manos y la cara lejos del vapor caliente.

- **Liberación natural.** A medida que la olla de presión se enfríe, la presión se liberará naturalmente por sí sola. Es la opción más común para cocinar caldos, cereales, frijoles, carnes y alimentos que se benefician de un enfriamiento más lento o de un tiempo de cocción más largo, o alimentos que pueden causar salpicaduras de vapor. Deje tiempo suficiente para este paso, ya que puede tomar de 15 a 30 minutos o más para que la presión sea liberada.

- **Liberación natural y rápida.** A veces las recetas piden que se libere la presión de forma natural durante 5 a 15 minutos, luego se purga para liberar rápidamente la presión restante. Es una forma conveniente de alargar ligeramente el tiempo de cocción, ahorrando tiempo y evitando salpicaduras.

10. Retira la tapa. Tenga cuidado y levante la tapa con cuidado inclinándola hacia fuera para que cualquier vapor o agua residual que suele condensarse en la tapa pueda escapar con seguridad. Transfiera la comida a los platos y disfrute de una saludable y deliciosa comida casera.

Consejos para una limpieza efectiva de Ninja

- Siga el manual del fabricante para la limpieza de su olla a presión. Algunas partes pueden ser aptas para el lavavajillas, pero compruebe el manual. Un pequeño cepillo puede ayudar a limpiar alrededor de la tapa. No sumerja la base calefactora en agua.

- La junta de silicona de la tapa debe mantenerse limpia. Si está cocinando alimentos de olor fuerte o aromáticos, puede retener los olores. Para reducir este riesgo, retire la junta, luego lávela y séquela bien. Remoje la junta en una mezcla de vinagre blanco destilado y agua y lávela bien para evitar olores. Para evitar la transferencia de olores a otros alimentos, compre un porro extra para usar cuando cocine el pescado o el curry y guarde uno para hacer yogur u otros alimentos de sabor más suave.

- Si su recipiente de cocción está hecho de acero inoxidable y los residuos de comida se adhieren a él, pruebe un limpiador de electrodomésticos no abrasivo o un polvo de limpieza para limpiar la superficie sin rayarla.

Consejos para una cocina sana

- La olla a presión es ideal para cocinar granos enteros, frijoles, frutas, verduras, sopas, guisos, aves, carnes y mariscos.

- Asegúrese de cortar y desechar toda la grasa visible antes de colocar las carnes en la olla a presión.

- Saltear la comida añade color y sabor. Así que este paso es útil, incluso si toma un poco más de tiempo para completar su plato. Asegúrate de usar un aceite vegetal saludable, como el aceite de canola, maíz o de oliva, y mídelo para que no exceda de 2 a 3 cucharadas. Si su cocina es de acero inoxidable (no con revestimiento antiadherente), puede, si lo prefiere, cubrir ligeramente la olla con spray de cocina en lugar de aceite.

- Use muchas hierbas frescas o secas y otros sabores sin sodio, como jugo de limón o vinagre, en lugar de añadir sal. Si está cocinando bajo presión, puede añadir hierbas frescas y secas al principio del proceso de cocción. Si lo desea, espolvoree con otras hierbas frescas antes de servir.

- Muchas de las recetas de este libro requieren caldo. Haz tus propios caldos bajos en sodio y sin grasa haciendo y congelando caldo de pollo, caldo de carne y caldo de verduras para tenerlos a mano cuando los necesites.

Sobre las recetas de este recetario

La mayoría de las recetas de este recetario están organizadas por ingrediente principal. La primera vez que veas las recetas, puede que parezcan largas, pero no te preocupes. He intentado ser lo más explícito y completo posible explicando los ajustes, tiempos y tapas a utilizar en cada paso del proceso. Una vez que te acostumbres a usar tu Ninja, la mayoría de las recetas son fáciles y bastante rápidas.

La mayoría de las recetas de este recetario son de cuatro porciones, mientras que algunas son de seis porciones. Para los platos principales, las porciones son generosas, por lo que si tienes menos apetito, pueden hacer más que el número de porciones especificado.

Al principio de cada receta hay una sección que muestra el tiempo total de preparación y de cocción. El tiempo de preparación incluye tareas como cortar y mezclar, y a veces terminar los platos. El tiempo total incluye todo el tiempo necesario para la preparación y la cocción más un promedio del tiempo que tarda un plato en alcanzar la presión, cuando corresponda. Intento ser lo más preciso posible, pero la variedad de ingredientes, equipos y habilidades de cocina pueden afectar estos tiempos.

Recetas para Ninja Foodi

DESAYUNO

Yogur casero

Tiempo total: **12 horas**
Raciones: **8 porciones**

Ingredientes

- 2 litros de leche entera
- 2 cucharadas de yogur natural con cultivos vivos activos
- 1 cucharada de extracto de vainilla
- ½ taza de miel

Elaboración

Vierta la leche en la olla. Cierra la tapa para cocinar a presión, asegurándote de que la válvula de alivio de presión está en la posición VENT. Selecciona SEAR/SAUTÉ y ponlo en MEDIUM. Presiona START.

Lleva la leche a 80 °C, revisando la temperatura frecuentemente y revolviendo con frecuencia para evitar que la leche se queme hasta el fondo. Presiona STOP para desactivar SEAR/SAUTÉ.

Deje que la leche se enfríe hasta los 40 °C, continuando con la comprobación de la temperatura y revolviéndola con frecuencia. Retire suavemente la piel de la leche y deséchela.

Agregue el yogur y bátalo hasta que esté bien mezclado.

Cierra la tapa para cocinar a presión, asegurándote de que la válvula de drenaje esté en la posición SEAL. Seleccione KEEP WARM y déjelo reposar durante 8 horas.

Después de 8 horas, transfiera el yogur a un contenedor de vidrio y refrigérelo durante 4 horas.

Añade la vainilla y la miel al yogur y revuelve hasta que esté bien mezclado. Cubre y devuelve el recipiente de vidrio al refrigerador, o divide el yogur en frascos de vidrio herméticos.

Avena con manzana

Tiempo total: **25 minutos**
Raciones: **4 porciones**

Ingredientes

- 2 tazas de avena cortada con acero
- 3¾ tazas de agua
- ¼ taza de vinagre de sidra de manzana
- 1 cucharada de canela molida
- ½ cucharadita de nuez moscada molida
- ½ cucharadita de extracto de vainilla
- ½ taza de arándanos secos
- 2 manzanas, peladas, sin corazón y cortadas en cubos.
- ⅛ cucharadita de sal

Elaboración

Ponga la avena, el agua, el vinagre, la canela, la nuez moscada, la vainilla, los arándanos, las manzanas y la sal en la olla. Cierra la tapa para cocinar a presión, asegurándote de que la válvula de alivio de presión está en la posición SEAL. Selecciona PRESSURE y ajusta la presión a HIGH. Ajusta el tiempo a 11 minutos. Presiona START.

Cuando la cocción esté completa, deje que la presión se libere naturalmente durante 10 minutos, y luego libere rápidamente la presión restante.

Retire la tapa con cuidado. Revuelva la avena y sirva inmediatamente. Si lo desea, adorne con jarabe de arce y arándanos secos.

Huevos escoceses

Tiempo total: **40 minutos**
Raciones: **4 porciones**

Ingredientes

- 4 huevos grandes
- 350 g de salchichas a granel
- 1 taza de migas de pan
- 2 cucharadas de mantequilla sin sal derretida

Elaboración

Vierta una taza de agua en la olla. Coloca la rejilla reversible en la posición inferior y coloca los huevos encima. Cierra la tapa para cocinar a presión y asegúrate de que la válvula de liberación de presión está en la posición SEAL. Selecciona PRESSURE y ajusta la presión a HIGH y el tiempo a 3 minutos. Presiona START.

Mientras se cocinan los huevos, prepara un baño de hielo llenando por la mitad un tazón mediano con agua fría y añadiendo un puñado de cubitos de hielo.

Después de que los huevos se cocinen, libera rápidamente la presión. Retire la tapa con cuidado.

Con unas pinzas, transfiere los huevos al baño de hielo. Deje que se enfríen durante 3 minutos. Pelar cuidadosamente los huevos y secarlos.

Vaciar el agua de la olla. Rocíe la rejilla reversible con aceite o aerosol de cocina y colóquela en la posición superior en la olla. Cierra la tapa de cocción al aire. Selecciona AIR CRISP y ajusta la temperatura a 180 °C y el tiempo de precalentamiento a 4 minutos.

Mientras tanto, divide la salchicha en 4 piezas y aplana cada pieza en un óvalo. Coloca un huevo a la vez en un óvalo de salchicha y tira suavemente de la salchicha alrededor del huevo, sellando los bordes.

En un pequeño tazón, combina el pan rallado y la mantequilla derretida. Uno por uno, enrollen los huevos cubiertos de salchicha en el pan rallado, presionando firmemente el pan rallado en la salchicha.

Abre la tapa y coloca suavemente los huevos recubiertos en la rejilla. Cierra la tapa de cocción al aire. Selecciona AIR CRISP y ajusta la temperatura a 180 °C y el tiempo a 15 minutos. Presiona START.

Cuando la cocción esté completa, el pan rallado debe estar crujiente y dorado. Retire cuidadosamente los huevos y déjelos enfriar durante varios minutos. Cortarlas por la mitad y servir.

Tostada de canela

Tiempo total: **25 minutos**
Raciones: **4 porciones**

Ingredientes

- ⅔ taza de leche entera
- ⅔ taza de crema pesada
- 3 huevos grandes
- 1 yema de huevo grande
- 1 cucharada de jarabe de arce o miel
- ¼ cucharadita de extracto de vainilla
- 1 pizca de sal
- 8 pequeñas rebanadas de pan
- 6 cucharadas de mantequilla sin sal
- ½ taza de azúcar
- 1 cucharadita de canela molida

Elaboración

Vierte la leche y la crema pesada en un pequeño tazón. Añade los huevos, la yema, el jarabe de arce, la vainilla y la sal. Usando una batidora de inmersión, mezcla bien los ingredientes. Vierte la crema en un plato poco profundo lo suficientemente ancho para sostener una rebanada de pan. Ponga una rejilla en una bandeja de hornear.

Ponga una rebanada de pan en la crema y déjela en remojo durante 20 segundos. Dale la vuelta y déjala en remojo durante otros 20 segundos. Con una gran espátula, retire con cuidado la rebanada de pan de la crema y colóquela en la rejilla preparada. Repite con las rebanadas de pan restantes y la crema. Si te sobra algo de crema, espárcela uniformemente sobre las rebanadas de pan.

Selecciona SEAR/SAUTÉ y ponga en MEDIUM. Presiona START. Deje que la olla se precaliente durante 5 minutos.

Ponga 2 cucharadas de mantequilla en la olla y caliéntela hasta que haga espuma, luego añada las rebanadas de pan. Si no caben en una sola capa, cocine las tostadas en tandas. Hornee durante 2 a 3 minutos o hasta que la superficie sea de un marrón dorado profundo con algunas manchas más oscuras. Voltea las rebanadas y hornea en el segundo lado durante unos 2 minutos. Transfiera las rebanadas cocidas a la rejilla.

Limpia la olla. Coloca la rejilla reversible en la olla en la posición superior. Cierra la tapa de cocción al aire. Selecciona BROIL y ajusta el tiempo de precalentamiento a 2 minutos. Presiona START.

En un pequeño tazón, mezcla el azúcar y la canela. Esparce una fina capa de mantequilla en un lado de cada rebanada de tostada francesa y espolvorea el azúcar de canela uniformemente sobre las rebanadas.

Coloca suavemente las rebanadas de pan en la rejilla (si no caben en una sola capa, tuéstalas por la mitad). Cierra la tapa de cocción al aire. Selecciona BROIL de nuevo y ajusta el tiempo a 4 minutos. Presiona START. Sirva inmediatamente.

Cazuela de desayuno

Tiempo total: **40 minutos**
Raciones: **4 porciones**

Ingredientes

- 225 g de chips de tortilla de maíz
- 1 taza de salsa verde
- 2 tazas de queso de pimienta rallado
- 3 huevos grandes
- ¼ taza de leche entera
- ¼ taza de crema pesada
- 1 cucharadita de condimento mexicano
- ¼ cucharadita de sal

Elaboración

Ponga la mitad de los chips en un plato resistente al calor. Vierte la salsa sobre las patatas fritas y revuelve suavemente para distribuir la salsa. Espolvorea la mitad del queso encima.

En un tazón mediano, bate los huevos, la leche, la crema pesada, los condimentos y la sal. Vierta la mezcla de huevo sobre las patatas y el queso. Cubre el plato con papel de aluminio.

Vierta una taza de agua en la olla. Coloca la rejilla reversible en la olla en la posición inferior y coloca el plato en la parte superior. Cierra la tapa para cocinar a presión y asegúrate de que la válvula de liberación de presión está en la posición SEAL. Selecciona PRESSURE y ajusta la presión a HIGH y el tiempo a 10 minutos. Presiona START.

Después de la cocción, deje que la presión se libere naturalmente durante 5 minutos, luego libere rápidamente la presión restante. Retire la tapa con cuidado.

Quita el papel de aluminio. Coloca la mitad de los chips restantes sobre el plato y espolvorea con la mitad del queso restante. Repite las capas con los chips y el queso restantes.

Cierra la tapa de cocción al aire. Selecciona BROIL y ajusta el tiempo a 7 minutos. Presiona START. Asar a la parrilla hasta que el queso se derrita y las papas se doren en algunos lugares.

Saque el plato de la olla y déjelo enfriar durante varios minutos, luego sírvalo con salsa extra.

Gachas de almendras

Tiempo total: **35 minutos**
Raciones: **4 porciones**

Ingredientes

- ½ taza de almendras cortadas
- 2 cucharadas de mantequilla sin sal
- 1 taza de avena cortada
- ⅛ cucharadita de sal
- 2 cucharadas de azúcar
- ½ cucharadita de extracto de vainilla
- ¼ cucharadita de canela molida
- 2 tazas de agua
- 1 taza de leche entera

Elaboración

Ponga las almendras en un tazón que quepa en la cesta para cocinar y freír. Ponga la cesta en la olla y coloque el tazón en ella. Cierra la tapa de cocción al aire. Selecciona AIR CRISP y ajusta la temperatura a 190 °C y el tiempo a 5 minutos. Presiona START. Cuando las almendras estén tostadas, saque el tazón y la cesta de la olla y déjelos a un lado.

Selecciona SEAR/SAUTÉ y ponga en MEDIUM. Presiona START. Deje que la olla se precaliente durante 5 minutos. Ponga la mantequilla en la olla. Cuando la mantequilla deje de hacer espuma, agregue la avena y revuelva para cubrir la mantequilla. Continúe cocinando durante 2 a 3 minutos o hasta que la avena huela a avellanas. Añade sal, azúcar, vainilla, canela, agua y leche. Mezclar todo junto.

Cierra la tapa para cocinar a presión y asegúrate de que la válvula de liberación de presión está en la posición SEAL. Selecciona PRESSURE y ajusta la presión a HIGH y el tiempo a 10 minutos. Presiona START.

Después de la cocción, deje que la presión se libere naturalmente durante 10 minutos, y luego libere rápidamente la presión restante. Retire la tapa con cuidado.

Vierta la avena en cuatro tazones. Adorne con almendras tostadas. Ajústelo al gusto, añadiendo leche o azúcar si lo desea.

Clafoutis

Tiempo total: **40 minutos**
Raciones: **4 porciones**

Ingredientes

- 2 cucharadas de mantequilla sin sal, ablandada
- 1 taza de cerezas congeladas, descongeladas, escurridas y secas
- ⅔ taza de leche entera
- ⅓ taza de crema pesada
- ⅓ taza de azúcar
- ½ taza de harina para todo uso
- 2 huevos grandes
- ½ cucharadita de extracto de vainilla
- ¼ cucharadita de canela
- 1 pizca de sal
- 2 cucharadas de azúcar glasé

Elaboración

Cubre el interior de cuatro ramequines con mantequilla blanda. Dividan las cerezas en partes iguales entre los ramequines.

En un tazón, mezcla la leche, la crema, el azúcar, la harina, los huevos, la vainilla y la sal. Usando una batidora de mano, bate los ingredientes a velocidad media hasta que estén suaves, unos 2 minutos. Vierta la masa sobre las cerezas. Los ramequines deben ser llenados hasta cerca de ¾ con masa.

Ponga una taza de agua en la olla. Coloca la rejilla reversible en la posición inferior de la maceta y coloca los ramequines en la parte superior, apilándolos si es necesario. Coloca un cuadrado de papel de aluminio sobre las carretas, pero no lo dobles (esto es sólo para evitar que el vapor se condense en la superficie de las tortas). Cierra la tapa para cocinar a presión y asegúrate de que la válvula de liberación de presión está en la posición SEAL. Selecciona PRESSURE; ajusta la presión a HIGH y el tiempo a 11 minutos. Presiona START.

Después de hornear, libera rápidamente la presión. Retire la tapa con cuidado.

Quita el papel de aluminio. Cierra la tapa de cocción al aire y selecciona BAKE/ROAST. Ajusta la temperatura a 200 °C y el tiempo a 6 minutos. Presiona START. Revise después de unos 4 minutos; la parte superior del Clafoutis debería estar ligeramente dorada. Continúe horneando si es necesario, y repita para el segundo lote si es necesario.

Deje que el Clafoutis se enfríe durante unos 5 minutos, luego espolvoree con azúcar glasé y sirva.

Frittata de alcachofa

Tiempo total: **30 minutos**
Raciones: **4 porciones**

Ingredientes

- 2 cucharadas de mantequilla sin sal
- ½ cebolla pequeña, picada
- ¼ pimiento rojo grande, picado
- 8 huevos grandes
- ¼ cucharadita de sal
- ¼ taza de leche entera
- ¾ taza de queso mozzarella rallado
- ¼ taza de queso parmesano rallado
- 1 taza de corazones de alcachofa picados gruesos
- ¼ cucharadita de pimienta negra

Elaboración

Selecciona SEAR/SAUTÉ y ponga en MEDIUM-HIGH. Presiona START. Deje que la olla se precaliente durante 5 minutos. Ponga la mantequilla en la olla y caliéntela hasta que deje de hacer espuma. Añade la cebolla, el pimiento y los corazones de alcachofa. Cocine durante unos 5 minutos, revolviendo ocasionalmente, o hasta que la cebolla y el pimiento estén tiernos.

Mientras se cocinan las verduras, en un tazón mediano, bate los huevos con la sal. Déjalo reposar por 2 minutos. Añade la leche y bátela de nuevo. Los huevos deben estar bien mezclados, sin dejar rastros de blanco, pero sin espuma. Añade a ½ taza de queso mozzarella.

Cuando las verduras estén tiernas, vierta la mezcla de huevo y queso en la olla. Revuelva suavemente para distribuir las verduras de manera uniforme. Ponga el Ninja en MEDIUM y deje que los huevos se cocinen, sin perturbar, durante 8 minutos o hasta que los bordes se fijen. El centro seguirá siendo líquido.

Presiona STOP. Pasa una espátula de silicona por los bordes de la frittata para desplazarla de los lados de la olla.

Cierra la tapa de cocción al aire. Selecciona BAKE/ROAST y ajusta la temperatura a 190 °C y el tiempo a 3 minutos. Presiona START. Después de 1 minuto, abre la tapa y espolvorea el resto de mozzarella y queso parmesano sobre la frittata. Cierra la tapa y cocina los 2 minutos restantes. Abre la tapa. El queso debe ser derretido, con la parte superior completamente puesta, pero no dorada. Espolvorea la frittata con pimienta.

Deje la frittata en reposo durante 2 minutos. Puedes dividir la frittata en cuatro partes en la olla, usando una espátula de silicona para no arañar el revestimiento de la olla.

Tocino crujiente con huevos

Tiempo total: **40 minutos**
Raciones: **4 porciones**

Ingredientes

- 6 rebanadas de tocino, picadas
- 1 cebolla amarilla, picada
- 2 papas rojizas, peladas y cortadas en cubos.
- 1 cucharadita de pimentón
- 1 cucharadita de sal
- 1 cucharadita de pimienta negra
- 1 cucharadita de ajo
- 4 huevos

Elaboración

Selecciona SEAR/SAUTÉ y ajusta a MEDIUM-HIGH. Presiona START. Deja que la olla se precaliente durante 5 minutos.

Una vez que esté caliente, agregue el tocino a la olla. Cocina, revolviendo ocasionalmente, durante 5 minutos o hasta que el tocino esté crujiente.

Añade la cebolla y las patatas a la olla. Espolvorear con pimentón, sal, pimienta y ajo.

Cierra la tapa de cocción al aire. Selecciona BAKE/ROAST, ajusta la temperatura a 175 °C y el tiempo a 25 minutos. Cocine, revolviendo de vez en cuando, hasta que las patatas estén tiernas y doradas.

Romper los huevos en la superficie de la mezcla. Cierra la tapa de cocción al aire. Selecciona BAKE/ROAST, ajusta la temperatura a 175 °C y el tiempo a 10 minutos.

Revisa los huevos después de 3 minutos. Continúe cocinando durante los 7 minutos restantes, comprobando de vez en cuando, hasta que se alcance el grado de cocción deseado. Sirva inmediatamente.

Mermelada de fresa

Tiempo total: **42 minutos**
Raciones: **8 porciones**

Ingredientes

- 900 g de fresas, descascaradas y cortadas por la mitad
- Jugo de 2 limones
- 1½ tazas de azúcar granulada

Elaboración

Ponga las fresas, el jugo de limón y el azúcar en la olla. Usando un triturador de patatas de silicona, triturar los ingredientes para liberar el zumo de fresa.

Cierra la tapa para cocinar a presión, asegurándote de que la válvula de alivio de presión está en la posición SEAL. Selecciona PRESSURE y ajusta la presión a HIGH. Ajusta el tiempo a 1 minuto. Presiona START.

Cuando la cocción esté completa, deje que la presión se libere naturalmente durante 10 minutos, y luego libere rápidamente la presión restante. Retire la tapa con cuidado.

Selecciona SEAR/SAUTÉ y ajusta a MEDIUM-HIGH. Presiona START. Deje que la mermelada se reduzca durante 20 minutos.

Triturar las fresas con un triturador de patatas de silicona para hacer una mermelada con textura, o transferir la mezcla de fresas a un procesador de alimentos y hacer un puré con una consistencia suave. Deje enfriar la mermelada, viértala en un frasco de vidrio y refrigérela hasta dos semanas.

CALDOS Y SALSAS

Caldo de pollo

Tiempo total: **120 minutos**
Raciones: **1 litro**

Ingredientes

- 900 g de carcasa de pollo
- ⅛ cucharadita de sal
- 3½ tazas de agua

Elaboración

Coloca los huesos de pollo en la olla y espolvorea con sal. Añade el agua, no te preocupes si no cubre el pollo.

Cierra la tapa para cocinar a presión y asegúrate de que la válvula de liberación de presión está en la posición SEAL. Selecciona PRESSURE; ajusta la presión a HIGH y el tiempo a 90 minutos. Presiona START.

Después de la cocción, deje que la presión se libere naturalmente durante 15 minutos, y luego libere rápidamente la presión restante. Retire la tapa con cuidado.

Forre un colador con una tela de queso limpia o una toalla de algodón y colóquelo sobre un bol grande. Vierta los huesos de pollo y el caldo a través del colador para que se escurran. Deja que el caldo se enfríe. Refrigerar durante varias horas o durante la noche para endurecer la grasa del caldo.

Quita la capa de grasa del caldo. Si tienes mucho más de un litro de caldo, ponlo de nuevo en la olla. Selecciona SEAR/SAUTÉ y ajusta en HIGH. Presiona START. Ponga el caldo a hervir y cocínelo hasta que se reduzca a un litro.

Caldo de vegetales

Tiempo total: **100 minutos**
Raciones: **1 litro**

Ingredientes

- 1 cebolla, cortada en cuartos
- 2 zanahorias grandes, peladas y cortadas en trozos
- 1 cucharada de aceite vegetal
- 350 g de setas, en rodajas
- ⅛ cucharadita de sal
- 3½ tazas de agua

Elaboración

Cierra la tapa de cocción al aire y selecciona BAKE/ROAST; ajusta la temperatura a 200 °C y el tiempo a 3 minutos. Presiona START.

Mientras la olla se precalienta, coloca los trozos de cebolla y zanahoria en la cesta para cocinar y freír y rocía con el aceite vegetal. Revuelva para cubrir.

Ponga la cesta en la olla. Cierra la tapa de cocción al aire y selecciona BAKE/ROAST; ajusta la temperatura a 200 °C y el tiempo a 15 minutos. Presiona START. A la mitad del tiempo de cocción, abre la tapa y revuelve las verduras.

Quita la cesta de la olla y añade las cebollas y las zanahorias. Añade las setas y espolvorea con sal. Añade el agua.

Cierra la tapa para cocinar a presión y asegúrate de que la válvula de liberación de presión está en la posición SEAL. Selecciona PRESSURE; ajusta la presión a HIGH y el tiempo a 60 minutos. Presiona START.

Después de la cocción, deje que la presión se libere naturalmente durante 15 minutos, y luego libere rápidamente la presión restante. Desbloquee con cuidado y retire la tapa.

Forre un colador con una tela de queso limpia o una toalla de algodón y colóquelo sobre un bol grande. Vierte las verduras y el caldo a través del colador y deja que el caldo se escurra en el bol. Descarta las verduras.

Setas salteadas

Tiempo total: **25 minutos**
Raciones: **4 porciones**

Ingredientes

- 450 g de setas de botón blanco, tallos recortados
- 2 cucharadas de mantequilla sin sal (o aceite de oliva)
- ¼ cucharadita de sal
- ¼ taza de agua

Elaboración

Corta las setas medianas en cuartos y las grandes en ochos. Ponga los hongos, la mantequilla o el aceite y la sal en la olla. Viértelo en el agua.

Cierra la tapa para cocinar a presión y asegúrate de que la válvula de liberación de presión está en la posición SEAL. Selecciona PRESSURE; ajusta la presión a HIGH y el tiempo a 5 minutos. Presiona START.

Después de cocinar, libera rápidamente la presión. Retire la tapa con cuidado.

Como las setas han exudado agua durante la cocción, habrá más líquido en la olla, y las setas serán más pequeñas que al principio de la cocción. Selecciona SEAR/SAUTÉ y ajusta en HIGH. Presiona START. Ponerlo a hervir y cocinarlo durante unos 5 minutos o hasta que toda el agua se haya evaporado. Los hongos comenzarán a chisporrotear en la mantequilla (o aceite) restante. Deje que se doren durante un minuto y luego revuelva para que se doren los otros lados.

Cebollas caramelizadas

Tiempo total: **65 minutos**
Raciones: **4 porciones**

Ingredientes

- 2 cucharadas de mantequilla sin sal
- 3 cebollas muy grandes, en rodajas
- 2 cucharadas de agua
- ½ cucharadita de sal

Elaboración

Selecciona SEAR/SAUTÉ y ajusta a MEDIUM. Presiona START. Deje la olla precalentada durante 5 minutos. Añade mantequilla para que se derrita. Añade las cebollas, el agua y la sal. Revuelva para mezclar.

Cierra la tapa para cocinar a presión y asegúrate de que la válvula de liberación de presión está en la posición SEAL. Selecciona PRESSURE; ajusta la presión a HIGH y el tiempo a 30 minutos. Presiona START.

Después de la cocción, deje que la presión se libere naturalmente durante 5 minutos, luego libere rápidamente la presión restante.

Retire la tapa con cuidado. Las cebollas deben ser muy tiernas y de color marrón claro. Habrá mucho líquido en la olla. Selecciona SEAR/SAUTÉ y ajusta a MEDIUM-HIGH. Presiona START. Cocine a fuego lento hasta que la mayor parte del líquido se haya eliminado y las cebollas se mantengan juntas y se vuelvan ligeramente negras, unos 15 minutos.

Salsa Marinara

Tiempo total: **35 minutos**
Raciones: **12 porciones**

Ingredientes

- 850 g de tomates enteros en lata
- ¼ taza de aceite de oliva
- 1 cebolla pequeña, picada
- 2 cucharadas de ajo picado grueso
- ½ cucharadita de hojas de orégano seco
- ¼ cucharadita de copos de chile
- ½ cucharadita de sal

Elaboración

Vierte los tomates en un gran tazón y usa tus manos, un gran tenedor o un triturador de papas para aplastarlos.

Selecciona SEAR/SAUTÉ y ajusta a MEDIUM. Presiona START. Deje que la olla se precaliente durante 5 minutos. Añade el aceite de oliva y calienta hasta que esté brillante. Añade la cebolla y el ajo. Cocine por 5 minutos, revolviendo ocasionalmente, o hasta que la cebolla y el ajo estén fragantes y comiencen a dorarse.

Añade los tomates, el orégano, las escamas de pimiento rojo y la sal.

Cierra la tapa para cocinar a presión y asegúrate de que la válvula de liberación de presión está en la posición SEAL. Selecciona PRESSURE; ajusta la presión a HIGH y el tiempo a 10 minutos. Presiona START.

Después de la cocción, deje que la presión se libere naturalmente durante 5 minutos, luego libere rápidamente la presión restante.

Retire la tapa con cuidado. Si la salsa es dentada, selecciona SEAR/SAUTÉ y ajusta a MEDIUM-HIGH. Presiona START. Cocine a fuego lento y cocine hasta que la salsa se espese. Si no se usa inmediatamente, deje enfriar y luego refrigere la salsa.

Salsa barbacoa

Tiempo total: **25 minutos**
Raciones: **12 porciones**

Ingredientes

- 1½ taza de tomates escurridos
- 2 dientes de ajo, pelados
- 1 cebolla pequeña, cortada en ocho trozos
- 2 cucharadas de azúcar moreno
- 1 cucharadita de polvo de pimienta de ancho
- ½ cucharadita de sal
- 1 cucharadita de pimentón ahumado
- 1 cucharadita de mostaza seca
- ½ cucharadita de pimienta negra molida
- 1 cucharadita de melaza
- 1 cucharada de vinagre de sidra de manzana

Elaboración

Vierta los tomates en la olla. Añade ajo, cebolla, azúcar moreno, chile en polvo, sal, pimentón, mostaza seca, pimienta, melaza y vinagre.

Cierra la tapa para cocinar a presión y asegúrate de que la válvula de liberación de presión está en la posición SEAL. Selecciona PRESSURE; ajusta la presión a HIGH y el tiempo a 6 minutos. Presiona START.

Después de la cocción, deje que la presión se libere naturalmente durante 5 minutos, luego libere rápidamente la presión restante.

Retire la tapa con cuidado. Usando una licuadora de inmersión, haz un puré con la salsa hasta que esté suave. Deja que se enfríe. Guardar en la nevera hasta una semana.

PLATOS PRINCIPALES

Berenjena con parmesano

Tiempo total: **40 minutos**
Raciones: **4 porciones**

Ingredientes

- 1 berenjena grande, cortada en rodajas
- 1 cucharadita de sal
- 3 cucharadas de mantequilla sin sal derretida
- 1½ taza de migas de pan
- ⅓ taza de queso parmesano rallado
- 2 tazas de salsa Marinara
- 1 taza de queso mozzarella rallado

Elaboración

Espolvorea las rodajas de berenjena por ambos lados con sal y colócalas en una rejilla sobre una bandeja de horno para que se escurran durante 5 a 10 minutos.

Mientras tanto, en un tazón mediano, combina la mantequilla derretida, el pan rallado y el queso parmesano. Deje la mezcla a un lado.

Enjuague las rodajas de berenjena y séquelas. Colóquelos en una sola capa en la olla y cúbralos con la salsa Marinara.

Cierra la tapa para cocinar a presión y asegúrate de que la válvula de liberación de presión está en la posición SEAL. Selecciona PRESSURE y ajusta la presión a HIGH y el tiempo a 5 minutos. Presiona START.

Libere rápidamente la presión. Retire con cuidado la cubierta de presión. Cubre las rodajas de berenjena con el queso mozzarella.

Cierra la tapa de cocción al aire. Selecciona BAKE/ROAST y ajusta la temperatura a 190 °C y el tiempo a 2 minutos. Presiona START.

Cuando termine de cocinarse, abra la tapa y espolvoree la berenjena con la mezcla de pan rallado. Cierra la tapa de cocción al aire. Selecciona BAKE/ROAST y ajusta la temperatura a 190 °C y el tiempo a 8 minutos. Presiona START. Cuando la cocción esté completa, el relleno debe ser marrón y crujiente. Sirva el plato inmediatamente.

Alas de pollo con chile

Tiempo total: **28 minutos**
Raciones: **4 porciones**

Ingredientes

- 900 g de alas de pollo congeladas
- 30 g de aderezo para ensaladas rancheras
- ½ taza de agua
- ½ taza de salsa de chile
- 2 cucharadas de mantequilla sin sal, derretida
- 1½ cucharadas de vinagre de sidra de manzana
- ½ cucharadita de pimentón

Elaboración

Vierta el agua, la salsa de pimienta, la mantequilla y el vinagre en la olla. Coloca las alas en la cesta para cocinar y freír y coloca la cesta en la olla. Cierra la tapa para cocinar a presión y asegúrate de que la válvula de seguridad está en la posición SEAL. Selecciona PRESSURE y ajusta a HIGH. Ajusta el tiempo a 5 minutos. Presiona START.

Libere rápidamente la presión. Retire la tapa con cuidado.

Espolvorea las alas de pollo con la mezcla de pimentón y condimentos. Cúbrelos con spray de cocina.

Cierra la tapa de cocción al aire. Selecciona AIR CRISP, ajusta la temperatura a 190 °C y el tiempo a 15 minutos. Presiona START.

Después de 7 minutos, abre la tapa, luego levanta la cesta y agita las alas. Cúbrelos con spray de cocina. Devuelve la cesta a la olla y cierra la tapa para seguir cocinando hasta que las alas alcancen el crujido deseado.

Arroz español

Tiempo total: **30 minutos**
Raciones: **4 porciones**

Ingredientes

- 1 lata (450 g) de frijoles pintos, escurridos y enjuagados
- 3 cucharadas de aceite de oliva
- 1 cebolla pequeña, picada
- 2 grandes dientes de ajo, picados
- 1 chile jalapeño, sin semillas y picado
- 1 taza de arroz blanco de grano largo
- ⅓ taza de salsa roja
- ¼ taza de salsa de tomate
- ½ taza de caldo de verduras
- 1 cucharadita de mezcla de condimentos mexicanos
- ½ cucharadita de sal

Elaboración

Selecciona SEAR/SAUTÉ y ajusta a MEDIUM. Presiona START. Deje que la olla se precaliente durante 5 minutos. Vierte el aceite de oliva y calienta hasta que esté brillante. Añade la cebolla, el ajo y la guindilla. Cocine durante 2 minutos, revolviendo ocasionalmente, o hasta que la cebolla esté fragante y empiece a ablandarse. Añade el arroz, la salsa, la salsa de tomate, el caldo de verduras, los condimentos, las judías y la sal.

Cierra la tapa para cocinar a presión y asegúrate de que la válvula de liberación de presión está en la posición SEAL. Selecciona PRESSURE y ajusta la presión a HIGH y el tiempo a 6 minutos. Presiona START.

Después de la cocción, deje que la presión se libere naturalmente durante 10 minutos, y luego libere rápidamente la presión restante. Retire la tapa con cuidado. Revuelva el cilantro y sirva.

Papas horneadas dobles

Tiempo total: **45 minutos**
Raciones: **4 porciones**

Ingredientes

- 4 papas rojas pequeñas, limpias
- ¼ taza de crema pesada
- ¼ taza de crema fresca
- ½ taza de pimiento rojo asado picado
- 1 cucharadita de condimento cajún
- 1½ taza de queso cheddar blanco rallado
- 4 chalotas, partes blancas y verdes, picadas
- ⅓ taza de queso parmesano rallado

Elaboración

Vierta una taza de agua en la olla. Coloca la rejilla reversible en la olla en la posición baja y coloca las patatas encima. Cierra la tapa para cocinar a presión y asegúrate de que la válvula de liberación de presión está en la posición SEAL. Selecciona PRESSURE y ajusta la presión a HIGH y el tiempo a 10 minutos. Presiona START.

Después de la cocción, deje que la presión se libere naturalmente durante 5 minutos, luego libere rápidamente la presión restante. Retire la tapa con cuidado.

Con unas pinzas, transfiere las patatas a una tabla de cortar. Cuando las patatas estén lo suficientemente frías para manipularlas, corten una tira de 1 cm de grosor de la parte superior de cada patata. Vaciar la carne de la patata sin tocar la piel. Coloca la carne en un gran tazón, incluyendo la carne superior. Añade la crema pesada y la crema fresca. Usando un triturador de papas, triturar hasta obtener un puré bastante suave. Añade el pimiento rojo asado, el condimento y el queso cheddar. Ponga a un lado unas 2 cucharadas de la parte verde de las cebollas y revuelva el resto en las patatas. Vierta el puré de papas en la cáscara de las papas, amontonándolo ligeramente. Espolvorea el parmesano uniformemente sobre las patatas.

Vacía el agua de la olla. Ponga la cesta para cocinar y freír en la olla. Cierra la tapa de cocción al aire. Selecciona AIR CRISP y ajusta la temperatura a 190 °C y el tiempo a 2 minutos. Presiona START.

Cuando la olla se calienta, abre la tapa y coloca las patatas en la cesta. Cierra la tapa de cocción al aire. Selecciona AIR CRISP y ajusta la temperatura a 190 °C y el tiempo a 15 minutos. Presiona START. Una vez cocinadas, las patatas deben estar ligeramente doradas y la parte superior debe estar crujiente. Déjelos enfriar por unos minutos y sírvalos adornados con las cebollas de verdeo reservadas.

Sopa de coliflor

Tiempo total: **29 minutos**
Raciones: **4 porciones**

Ingredientes

- 5 rebanadas de tocino, picadas
- 1 cebolla, picada
- 3 dientes de ajo, picados
- 1 cabeza de coliflor, florecida
- 4 tazas de caldo de pollo
- 1 taza de leche entera
- 1 cucharadita de sal
- 1 cucharadita de pimienta negra recién molida
- 1½ tazas de queso cheddar rallado

Elaboración

Selecciona SEAR/SAUTÉ y ajusta a HIGH. Presiona START. Deje que la olla se precaliente durante 5 minutos.

Coloca el tocino, la cebolla y el ajo en la olla precalentada. Cocine, revolviendo ocasionalmente, durante 5 minutos. Deje a un lado un poco de tocino para adornar.

Añade la coliflor y el caldo de pollo a la olla. Cierra la tapa para cocinar a presión, asegurándote de que la válvula de liberación de presión está en la posición SEAL. Selecciona PRESSURE y ajusta a HIGH. Ajusta el tiempo a 10 minutos. Presiona START.

Después de cocinar, libera rápidamente la presión. Retire la tapa con cuidado.

Añade la leche y haz un puré hasta que la sopa alcance la consistencia deseada. Sazonar con sal y pimienta negra. Espolvorea el queso uniformemente sobre la sopa.

Cierra la tapa de cocción al aire. Selecciona BROIL y ajusta el tiempo a 5 minutos. Presiona START.

Cuando esté cocido, adorne con el tocino crujiente reservado y sirva inmediatamente, cubierto con crema agria y cebollino.

Albóndigas de pollo Buffalo

Tiempo total: **40 minutos**
Raciones: **4 porciones**

Ingredientes

- 450 g de pollo picado
- 1 zanahoria, picada
- 2 tallos de apio, picados
- ¼ taza de queso azul desmoronado
- ¼ taza de salsa Buffalo
- ¼ taza de migas de pan
- 2 cucharadas de aceite de oliva
- ½ taza de agua
- 1 huevo

Elaboración

Selecciona SEAR/SAUTÉ y ajusta a HIGH. Presiona START. Deje que la olla se precaliente durante 5 minutos.

Mientras tanto, en un gran tazón, combina pollo, zanahoria, apio, queso azul, salsa Buffalo, pan rallado y huevo. Conforma la mezcla en albóndigas.

Vierta el aceite de oliva en la olla precalentada. Trabajando por lotes, coloque las albóndigas en la olla y fríalas por todos lados hasta que se doren. Cuando cada lote haya terminado de cocinarse, transfiéralo a un plato.

Coloca la cesta para cocinar y freír en la olla. Añade el agua, y luego coloca todas las albóndigas en la cesta.

Cierra la tapa para cocinar a presión, asegurándote de que la válvula de liberación de presión está en la posición SEAL. Selecciona PRESSURE y ajusta a HIGH. Ajusta el tiempo a 5 minutos. Presiona START.

Después de cocinar, libera rápidamente la presión. Retire la tapa con cuidado.

Cierra la tapa de cocción al aire. Selecciona AIR CRISP, ajusta la temperatura a 180 °C y el tiempo a 10 minutos. Presiona START.

Después de 5 minutos, abre la tapa, levanta la cesta y agita las albóndigas. Vuelva a colocar la cesta en la olla y cierra la tapa para que se siga cocinando hasta que las albóndigas alcancen el punto crujiente deseado.

Alas de pollo con sésamo

Tiempo total: **35 minutos**
Raciones: **4 porciones**

Ingredientes

- 24 alas de pollo
- 2 cucharadas de aceite de sésamo
- 2 cucharadas de miel
- 2 dientes de ajo, picados
- 1 cucharada de semillas de sésamo tostadas

Elaboración

Vierta una taza de agua en la olla y coloque la rejilla reversible en la olla en la posición más baja. Coloca las alas de pollo en el estante.

Cierra la tapa para cocinar a presión y asegúrate de que la válvula de liberación de presión está en la posición SEAL. Selecciona PRESSURE; ajusta la presión a HIGH y el tiempo a 10 minutos. Presiona START.

Mientras se cocinan las alas, haz el glaseado. En un gran tazón, bate el aceite de sésamo, la miel y el ajo.

Después de cocinar, libera la presión rápidamente. Retire la tapa con cuidado. Quita la rejilla de la olla y escurre el agua restante.

Cierra la tapa de cocción al aire y selecciona AIR CRISP; ajusta la temperatura a 190 °C y el tiempo a 3 minutos. Presiona START.

Mientras la olla se precalienta, añade las alas a la salsa y revuelve suavemente para cubrirlas. Transfiere las alas a la cesta para cocinar y freír, dejando el exceso de salsa. Ponga la cesta en la olla y cierra la tapa de cocción al aire. Selecciona AIR CRISP y ajusta el tiempo a 15 minutos. Presiona START.

Después de 8 minutos, abra la tapa y revuelva suavemente las alas. Cierra la tapa para seguir cocinando. Revisa las alas; deben estar crujientes y el glaseado listo. Antes de servir, espolvorea con salsa extra y semillas de sésamo.

Pollo y patatas crujientes

Tiempo total: **35 minutos**
Raciones: **4 porciones**

Ingredientes

- 700 g de patatas, en cuartos
- 4 muslos de pollo con huesos y piel
- ¼ cucharadita de sal
- 2 cucharadas de mantequilla sin sal derretida
- 2 cucharaditas de polvo de curry
- 1 cucharadita de hojas de orégano seco
- ½ cucharada de mostaza seca
- ½ cucharadita de ajo granulado
- ¼ cucharadita de pimentón
- ¼ taza de caldo de pollo
- 1 cucharada de aceite de oliva

Elaboración

Espolvorea los muslos de pollo por ambos lados con sal.

En un pequeño tazón, mezclar la mantequilla derretida, el polvo de curry, el orégano, la mostaza seca, el ajo granulado y el pimentón. Añade el caldo de pollo.

Selecciona SEAR/SAUTÉ y ajusta a MEDIUM-HIGH. Presiona START. Deje que la olla se precaliente durante 5 minutos. Vierte el aceite de oliva y calienta hasta que esté brillante. Añade los muslos de pollo, con la piel hacia abajo, y saltéalos durante 4 a 5 minutos o hasta que estén dorados. Déles la vuelta y saltéelos brevemente en el otro lado durante un minuto. Quítalo de la olla.

Añade las patatas a la olla y revuélvelas para cubrirlas de grasa. Añade la mitad de la salsa y revuelve para cubrirla. Coloca los muslos de pollo encima y rocía con la salsa restante. Cierra la tapa para cocinar a presión y asegúrate de que la válvula de liberación de presión está en la posición SEAL. Selecciona PRESSURE; ajusta la presión a HIGH y el tiempo a 3 minutos. Presiona START.

Después de cocinar, libera rápidamente la presión. Retire la tapa con cuidado.

Usando unas pinzas, transfiere el pollo a la rejilla reversible en la posición de arriba. Mueva suavemente las patatas a un lado y vierta un poco de salsa sobre el pollo. Revuelve las patatas en la salsa. Ponga suavemente la rejilla en la olla. Cierra la tapa de cocción al aire y selecciona BAKE/ROAST; ajusta la temperatura a 190 °C y el tiempo a 16 minutos. Presiona START. Cuando termine de cocinarse, abra la tapa y transfiera el pollo y las papas a un plato, rociando con la salsa restante.

Pollo asado entero

Tiempo total: **42 minutos**
Raciones: **4 porciones**

Ingredientes

- 1 pollo entero
- ½ copa de vino blanco
- 3 cucharadas de aceite de oliva
- Jugo de 2 limas
- ¼ taza de salsa de soja
- 2 cucharadas de pimentón ahumado
- 1½ cucharadas de semillas de comino molidas
- 6 dientes de ajo rallados
- 1 cucharada de sal

Elaboración

Enjuague el pollo por dentro y por fuera y ate los muslos con hilo de cocina.

Añade el vino y el jugo de limón a la olla. Coloca el pollo en la cesta para cocinar y freír y pon la cesta en la olla.

Cierra la tapa para cocinar a presión y asegúrate de que la válvula de liberación de presión está en la posición SEAL. Selecciona PRESSURE y ajusta a HIGH. Ajusta el tiempo a 20 minutos. Presiona START.

Después de cocinar, libere rápidamente la presión. Retire la tapa con cuidado.

En un pequeño tazón, combine el aceite de oliva, el jugo de limón, la salsa de soja, el pimentón, el comino, el orégano, el ajo y la sal. Cepilla la mezcla sobre el pollo.

Cierra la tapa de cocción al aire. Selecciona AIR CRISP, ajusta la temperatura a 200 °C y el tiempo a 15 minutos. Presiona START. Si prefieres un pollo más crujiente, añade otros 5 a 10 minutos.

Después de unos 10 minutos, levante la tapa y espolvoree el pollo con romero fresco. Cierra la tapa y sigue cocinando.

Retire cuidadosamente el pollo de la cesta. Deje que el pollo descanse durante 10 minutos antes de cortarlo y servirlo.

Pollo Stroganoff

Tiempo total: **60 minutos**
Raciones: **4 porciones**

Ingredientes

- 2 pechugas de pollo
- 2 cucharadas de mantequilla sin sal
- ½ taza de cebollas rebanadas
- 1 cucharada de harina para todo uso
- ½ taza de jerez seco o vino blanco seco
- 2 tazas de caldo de pollo
- 1½ taza de agua
- 200 g de fideos de huevo
- 1 taza de champiñones salteados
- ¾ cucharadita de sal
- ¼ taza de crema agria

Elaboración

Espolvorea las pechugas de pollo con ¼ cucharadita de sal y déjalas a un lado.

Selecciona SEAR/SAUTÉ y ajusta a MEDIUM. Presiona START. Deje que la olla se precaliente durante 5 minutos. Añade la mantequilla para derretirla y caliéntala hasta que deje de hacer espuma. Añade la cebolla. Saltear durante unos 4 minutos, revolviendo de vez en cuando, o hasta que la cebolla empiece a dorarse. Añade la harina y revuelve para cubrir la cebolla. Cocina y remueve durante 2 minutos. Desglasar la olla vertiendo el brandy y revolviendo para raspar cualquier trozo marrón en el fondo de la olla. Hervir el brandy a fuego lento hasta que se reduzca en unos dos tercios.

Añade el caldo de pollo, el agua, la sal restante y los fideos a la olla. Coloca las pechugas de pollo encima de los fideos.

Cierra la tapa para cocinar a presión y asegúrate de que la válvula de liberación de presión está en la posición SEAL. Selecciona PRESSURE; ajusta la presión a HIGH y el tiempo a 5 minutos. Presiona START.

Después de cocinar, libera rápidamente la presión. Retire la tapa con cuidado.

Pasa las pechugas de pollo a una tabla de cortar y déjalas enfriar ligeramente. Córtalos en trozos del tamaño de un bocado. Si el pollo no está completamente cocinado en el centro, devuelve los trozos de pollo a la olla. Selecciona SEAR/SAUTÉ y ajusta a MEDIUM-LOW. Presiona START. Cocina el pollo a fuego lento hasta que esté bien cocido. Cuando el pollo esté cocinado, apaga el Ninja Foodi y añade los hongos. Añade la crema agria tan pronto como la mezcla deje de hervir a fuego lento. Servir en tazones.

Chuletas de cerdo con mostaza

Tiempo total: **55 minutos**
Raciones: **4 porciones**

Ingredientes

- 1,3 kg de costillas de repuesto
- ½ cucharadita de sal
- 1 taza de salsa de mostaza

Elaboración

Espolvorea las costillas de ambos lados con sal. Corta las costillas en 3 pedazos. Si lo desea, retire la membrana del lado óseo de las costillas o córtela cada 5 centímetros.

Vierta una taza de agua en la olla. Coloca la rejilla reversible en la olla en la posición más baja y coloca las costillas en la parte superior, con el lado del hueso hacia abajo.

Cierra la tapa para cocinar a presión y asegúrate de que la válvula de liberación de presión está en la posición SEAL. Selecciona PRESSURE; ajusta la presión a HIGH y el tiempo a 18 minutos. Presiona START.

Después de cocinar, libera rápidamente la presión. Retire la tapa con cuidado. Quita la rejilla y las costillas de la olla y drena el agua de la olla. Ponga la rejilla reversible de nuevo en la olla en la posición inferior y coloque las costillas en la parte superior.

Cierra la tapa de cocción al aire y selecciona AIR CRISP; ajusta la temperatura a 200 °C y el tiempo a 20 minutos. Presiona START.

Después de 10 minutos, abre la tapa y gira las costillas. Cepilla ligeramente el lado de los huesos de las costillas con la salsa de mostaza y cierra la tapa para continuar la cocción. Después de 4 minutos, abre la tapa y gira las costillas. Cepilla el lado de la carne de las costillas con la salsa restante y cierra la tapa para seguir cocinando hasta que se cocine.

Carbonada flamenca

Tiempo total: **70 minutos**
Raciones: **4 porciones**

Ingredientes

- 900 g de rosbif, cortado en 2 piezas
- ¼ cucharadita de sal
- 1 cucharada de aceite de oliva
- 1 cebolla grande, en rodajas
- 25 cl. de cerveza oscura
- ¼ cucharadita de hojas de tomillo seco
- ¼ taza de caldo de carne
- ½ cucharilla de mostaza de Dijon
- ½ cucharada de azúcar moreno
- 2 cucharaditas de perejil fresco picado

Elaboración

Sazona la carne de vaca por todos lados con sal.

Selecciona SEAR/SAUTÉ y ajusta a MEDIUM. Presiona START. Deje que la olla se precaliente durante 5 minutos. Vierte el aceite de oliva y calienta hasta que esté brillante. Añade la carne. Cocine, sin revolver, durante 4 minutos o hasta que se dore. Dale la vuelta a la carne y mueve las piezas a los lados. Añade la cebolla. Cocine, revolviendo, durante 2 minutos o hasta que la cebolla se ablande ligeramente. Añade la cerveza marrón, raspando los trozos marrones del fondo de la olla. Poner a hervir y cocinar hasta que la cerveza se haya reducido a la mitad. Añade el tomillo y el caldo de carne.

Cierra la tapa para cocinar a presión y asegúrate de que la válvula de liberación de presión está en la posición SEAL. Selecciona PRESSURE; ajusta la presión a HIGH y el tiempo a 35 minutos. Presiona START.

Después de la cocción, deje que la presión se libere naturalmente durante 10 minutos, y luego libere rápidamente la presión restante. Retire la tapa con cuidado.

Transfiera la carne a una tabla de cortar.

Si hay mucha grasa en la salsa, use una cuchara o límpiela. Añade la mostaza y el azúcar moreno. Selecciona SEAR/SAUTÉ y ajusta a MEDIUM. Presiona START. Cocine la salsa a fuego lento hasta que se reduzca a la consistencia de una salsa fina. Pruebe y ajuste el condimento.

Cortar la carne y devolverla a la salsa para recalentarla. Servir sobre puré de patatas o fideos, si se desea, adornado con perejil.

Pasta con camarones

Tiempo total: **30 minutos**
Raciones: **4 porciones**

Ingredientes

- 600 g de camarones crudos, pelados y desvenados
- 300 g de farfalle (pasta mariposa)
- 1 cucharada de aceite de oliva
- 2 grandes dientes de ajo, pelados y picados
- ¼ copa de vino blanco
- 2½ tazas de agua
- ⅓ taza de puré de tomate
- ½ cucharadita de copos de chile
- 1 cucharada de jugo de limón
- 1 cucharadita de cáscara de limón
- 6 tazas de rúcula
- ¾ cucharadita de sal

Elaboración

Ponga los camarones en la cesta para cocinar y freír. Añade ¼ cucharadita de sal, aceite de oliva y un diente de ajo picado. Mezclar bien para cubrir.

Coloca la cesta en la olla, cierra la tapa de cocción al aire y selecciona AIR CRISP; ajusta la temperatura a 200 °C y el tiempo a 6 minutos. Presiona START. Después de 3 minutos, abre la tapa y revuelve los camarones. Cierra la tapa y sigue cocinando. Una vez cocinado, el camarón debe ser opaco y rosado. No importa si no están completamente cocidos, porque terminarán de cocinarse más tarde. Quita la cesta y ponla a un lado.

Selecciona SEAR/SAUTÉ y ajusta a HIGH. Presiona START. Deje que la olla se precaliente durante 5 minutos. Vierte el vino y ponlo a hervir. Cuézalo a fuego lento durante 2 minutos para eliminar el alcohol. Añade la pasta, el agua, la sal restante, el ajo picado restante, el puré de tomate y los copos de chile. Revuelva para mezclar bien.

Cierra la tapa para cocinar a presión y asegúrate de que la válvula de liberación de presión está en la posición SEAL. Selecciona PRESSURE; ajusta la presión a HIGH y el tiempo a 5 minutos. Presiona START.

Después de cocinar, libera la presión rápidamente. Retire la tapa con cuidado.

Añade el jugo y la cáscara de limón. Añade la rúcula a grandes puñados y mézclala con la salsa para que se marchite. Revuelva los camarones. Deje reposar unos minutos para recalentar el camarón. Sirva inmediatamente.

Chuletas de cerdo a la plancha

Tiempo total: **48 minutos**
Raciones: **4 porciones**

Ingredientes

- 4 chuletas de cerdo con huesos
- 3 cucharadas de azúcar moreno
- 1 cucharada de sal
- 1 cucharada de pimienta negra
- 1½ cucharadas de pimentón ahumado
- 2 cucharaditas de ajo en polvo
- 1 cucharada de aceite de oliva
- 1½ tazas de caldo de pollo
- 4 cucharadas de salsa barbacoa

Elaboración

Selecciona SEAR/SAUTÉ y ajusta a HIGH. Presiona START. Deje que la olla se precaliente durante 5 minutos.

Mientras tanto, en un pequeño tazón, combine el azúcar moreno, la sal, la pimienta negra, el pimentón y el polvo de ajo. Sazone ambos lados de las chuletas de cerdo con esta mezcla de condimentos.

Añade el aceite a la olla precalentada y saltea las chuletas de cerdo, una a una, durante unos 5 minutos por cada chuleta por ambos lados, y luego déjalas a un lado.

Añade el caldo de pollo a la olla y usa una cuchara de madera para raspar los trozos marrones del fondo de la olla. Coloca la cesta para cocinar y freír en la olla. Ponga las chuletas de cerdo en la cesta y úntelas con 2 cucharadas de salsa barbacoa.

Cierra la tapa para cocinar a presión y asegúrate de que la válvula de liberación de presión está en la posición SEAL. Selecciona PRESSURE y ajusta a HIGH. Ponga el tiempo en 5 minutos. Presiona START.

Después de cocinar, libera la presión naturalmente durante 10 minutos, y luego libera rápidamente la presión restante. Retire la tapa con cuidado.

Cepilla las chuletas de cerdo con las 2 cucharadas restantes de salsa de barbacoa. Cierra la tapa de cocción al aire. Selecciona BROIL y ajusta el tiempo a 3 minutos. Presiona START.

Después de la cocción, compruebe que se ha conseguido la crujiente deseada y retire el cerdo de la cesta.

Salmón con verduras

Tiempo total: **25 minutos**
Raciones: **4 porciones**

Ingredientes

- 4 filetes de salmón con piel
- 2 tazas de guisantes de nieve
- ½ pimiento rojo mediano, cortado en trozos
- ⅓ taza de salsa teriyaki
- ¼ taza de agua
- 2 cebollas verdes, picadas
- ½ taza de champiñones salteados
- ¼ cucharadita de sal

Elaboración

Espolvorea los filetes de salmón con sal y colócalos en la rejilla reversible en la posición superior.

Ponga los guisantes y la pimienta en la olla. Espolvorear con una cucharada de salsa teriyaki y verter en el agua. Coloca la rejilla con el salmón en la olla en la posición superior.

Cierra la tapa para cocinar a presión y asegúrate de que la válvula de liberación de presión está en la posición SEAL. Selecciona PRESSURE; ajusta la presión a HIGH y el tiempo a 1 minuto. Presiona START.

Después de cocinar, libere rápidamente la presión. Retire la tapa con cuidado.

Ponga la mitad de la salsa teriyaki restante sobre el salmón.

Cierra la tapa de cocción al aire y selecciona BROIL. Ajusta el tiempo a 7 minutos. Presiona START. Revisa el salmón después de 5 minutos. Debería desmoronarse cuando se cocine. Si es necesario, cocine los 2 minutos restantes.

Cuando esté cocinado, retire la rejilla con el salmón y déjelo a un lado.

Añade las cebollas y los hongos a las verduras de la olla y revuelve para calentarlas. Si la salsa es demasiado fina, selecciona SEAR/SAUTÉ y ajusta a HIGH. Presiona START. Cocina a fuego lento hasta que la salsa tenga la consistencia que quieres. Dividir las verduras en cuatro platos y cubrirlas con el salmón, rociando el resto de la salsa teriyaki por encima.

Mejillones con chorizo

Tiempo total: **40 minutos**
Raciones: **6 porciones**

Ingredientes

- 1,3 kg de mejillones, limpiados, desbarbados
- 3 trozos de chorizo, cortados en pedazos, sin tripas
- 1 baguette francés, cortado en rebanadas
- 3 cucharadas de aceite de oliva
- 3 cucharadas de mantequilla
- 1 cebolla pequeña, pelada, en rodajas finas.
- 3 dientes de ajo, pelados y cortados en rodajas
- 1½ taza de hinojo, en rodajas finas
- 1½ taza de tomates cortados en cubitos
- 1¼ copa de vino blanco
- ½ taza de crema pesada

Elaboración

Cepilla ligeramente las rebanadas de baguette con aceite de oliva. Coloca la rejilla reversible en la olla, asegurándote de que la rejilla esté en posición alta. Coloca las rebanadas de baguette en la parte superior de la rejilla.

Cierra la tapa de cocción al aire. Selecciona AIR CRISP, ajusta la temperatura a 200 °C y el tiempo a 5 minutos. Presiona START.

Cuando la cocción esté completa, retire la rejilla con el pan tostado y déjela a un lado.

Selecciona SEAR/SAUTÉ y ajusta a HIGH. Presiona START. Precalentar durante 5 minutos.

Añade la mantequilla, la cebolla, el ajo y el hinojo a la olla. Saltear durante 2 minutos. Añade el chorizo, los tomates, el vino, la crema espesa y los mejillones.

Cierra la tapa para cocinar a presión y asegúrate de que la válvula de liberación de presión está en la posición SEAL. Selecciona PRESSURE; ajusta la presión a LOW y el tiempo a 3 minutos. Presiona START.

Cuando la cocción esté completa, libere rápidamente la presión. Retire la tapa con cuidado.

Transfiera los mejillones a un plato para servir. Espolvorear con perejil y jugo de limón y servir con rebanadas de baguette tostadas.

POSTRE

Peras escalfadas con especias

Tiempo total: **25 minutos**
Raciones: **4 porciones**

Ingredientes

* 4 peras grandes y maduras, peladas, sin corazón y cortadas por la mitad
* 1 taza de agua
* ⅓ taza de azúcar
* 1 cáscara de limón
* Jugo de un limón
* 1 rama de canela
* 4 clavos enteros
* 4 granos de pimienta

Elaboración

En la olla se mezcla el agua, el azúcar, la cáscara de limón, el jugo de limón, la canela en rama, los clavos y los granos de pimienta. Selecciona SEAR/SAUTÉ y ajusta a MEDIUM-HIGH. Presiona START. Cocine la mezcla a fuego lento, revolviendo hasta que el azúcar se disuelva. Añade las peras y revuelve el abrigo.

Cierra la tapa para cocinar a presión y asegúrate de que la válvula de liberación de presión está en la posición SEAL. Selecciona PRESSURE; ajusta la presión a HIGH y el tiempo a 5 minutos. Presiona START.

Después de cocinar, libera la presión rápidamente. Retire la tapa con cuidado. Usando unas pinzas o una cuchara con ranuras grandes, transfiera las peras a un tazón de servir.

Selecciona SEAR/SAUTÉ y ajusta a HIGH. Presiona START. Ponga a hervir el líquido de cocción. Cocine durante unos 4 minutos hasta que se reduzca a jarabe. Retire y deseche la cáscara de limón y las especias enteras. Vierta el jarabe caliente sobre las peras y sírvalas con una bola de helado.

Tazas de crema

Tiempo total: **30 minutos**
Raciones: **4 porciones**

Ingredientes

- 1 huevo grande
- 3 yemas de huevo grandes
- ¾ taza de azúcar
- ½ cucharadita de extracto de vainilla
- 1 taza de leche entera
- 1 taza de crema pesada
- 2 cucharaditas de polvo de café instantáneo.
- 1 cucharada de cacao en polvo

Elaboración

En un tazón mediano, use una batidora de mano para batir el huevo, las yemas, el azúcar y la vainilla hasta que el azúcar se disuelva. Añade leche, nata líquida, café en polvo y cacao en polvo. Golpea brevemente para mezclar. Vierta la mezcla en cuatro pequeños ramequines o tazas de crema. Coloca un cuadrado de papel de aluminio en cada uno de ellos y engarza para sellar.

Vierta una taza de agua en la olla. Coloca la rejilla reversible en la olla en la posición más baja y coloca los ramequines en la parte superior, apilándolos si es necesario.

Cierra la tapa para cocinar a presión y asegúrate de que la válvula de liberación de presión está en la posición SEAL. Selecciona PRESSURE; ajusta la presión a HIGH y el tiempo a 6 minutos. Presiona START.

Después de la cocción, deje que la presión se libere naturalmente durante 10 minutos, y luego libere rápidamente la presión restante. Retire la tapa con cuidado.

Retire cuidadosamente los ramequines de la olla. Quita el papel de aluminio. Deje que se enfríen a temperatura ambiente durante unos 20 minutos, luego cúbralos con una envoltura de plástico y refrigérelos hasta que se enfríen, unas 2 horas.

Mango deshidratado

Tiempo total: **8 horas**
Raciones: **2 porciones**

Ingredientes

- ½ mango, pelado, sin semillas y cortado en rebanadas

Elaboración

Disponga las rebanadas de mango en una sola capa en la cesta para cocinar y freír. Colócalo en la olla y cierra la tapa de cocción al aire. Presiona DEHYDRATE, ajusta la temperatura a 60 °C y el tiempo a 8 horas. Presiona START.

Cuando la deshidratación se haya completado, retire la cesta de la olla y coloque las rodajas de mango en un recipiente hermético.

Tarta Tatin

Tiempo total: **35 minutos**
Raciones: **4 porciones**

Ingredientes

- 5 manzanas, peladas y cortadas en rodajas
- 2 cucharaditas de canela molida
- ¼ taza de azúcar moreno
- 2 cucharadas de coñac
- 1 corteza de pastel
- 2 cucharadas de crema pesada
- ¼ taza de azúcar granulada

Elaboración

Ponga las manzanas en la olla. Espolvorear con canela y azúcar moreno. Echa el coñac. Revuelva para cubrir las manzanas.

Cierra la tapa para cocinar a presión y asegúrate de que la válvula de liberación de presión está en la posición SEAL. Selecciona PRESSURE; ajusta la presión a HIGH y el tiempo en 4 minutos. Presiona START.

Después de la cocción, deje que la presión se libere naturalmente durante 5 minutos, luego libere rápidamente la presión restante. Retire la tapa con cuidado.

Desenrolla la corteza de pastel sobre el relleno. Cepillar con crema espesa y espolvorear con azúcar granulada.

Cierra la tapa de cocción al aire y selecciona BAKE/ROAST; ajusta la temperatura a 160 °C y el tiempo a 12 minutos. Presiona START. Revisa la tarta después de 8 minutos. La corteza debe ser crujiente y marrón. Si no, hornea un poco más.

Para servir, corten un trozo de pastel y pónganlo en un plato de postre con la corteza en el fondo. Repita con las piezas restantes. Sirve el pastel caliente.

Crème brûlée

Tiempo total: **35 minutos**
Raciones: **4 porciones**

Ingredientes

- 8 yemas de huevo grandes
- 1 cucharadita de extracto de vainilla
- ½ taza de azúcar
- 2 tazas de crema pesada
- 6 cucharadas de azúcar moreno

Elaboración

En un tazón mediano, combine las yemas de huevo, la vainilla y el azúcar. Usando una batidora manual eléctrica, bata hasta que el azúcar se disuelva. Añade la crema espesa y bate brevemente para mezclar. Vierta la mezcla en 4 pequeños ramequines o tazas de crema. Cubrir las ramequines con pequeños cuadrados de papel de aluminio.

Vierta una taza de agua en la olla. Coloca la rejilla reversible en la olla en la posición más baja y coloca los ramequines en la parte superior, apilándolos si es necesario.

Cierra la tapa para cocinar a presión y asegúrate de que la válvula de liberación de presión está en la posición SEAL. Selecciona PRESSURE; ajusta la presión a HIGH y el tiempo a 6 minutos. Presiona START.

Después de la cocción, deje que la presión se libere naturalmente durante 10 minutos, y luego libere rápidamente la presión restante. Retire la tapa con cuidado.

Con unas pinzas, saque con cuidado los contenedores del frasco, y luego retire el papel de aluminio. Deje que los ramequines se enfríen a temperatura ambiente durante unos 20 minutos, luego refrigérelos durante unas 2 horas.

Espolvorea el azúcar moreno de manera uniforme sobre las ramequines.

Coloca la rejilla reversible en la olla en la posición superior, y luego coloca los ramequines en la rejilla, trabajando por lotes si es necesario.

Cierra la tapa de cocción al aire y selecciona BROIL. Ajusta el tiempo a 5 minutos. Presiona START. Cocina hasta que el azúcar se dore y burbujee sobre la crema. Deje que las ramequines se enfríen un poco antes de servirlos.

Made in United States
Orlando, FL
25 September 2024

51963614R00035